コロナはチャンス！

仕事が無くなった人のためのチーズはここにあった！

小林敏之

Zoomで一発逆転

30日で180万円！

三楽舎

さあ、

見返せ！

この本にはあなたが見返すための秘密の方法が書かれています。

いくつもの仕掛けがほどこされていますので、見逃さないで、与えられたチャンスをぜひいかして、受け取ってください。

はじめに

コロナショックによって、いま世界中が混乱しています。

失業された方も多くいらっしゃると思います。

よく眠れなかったり、イライラして家族と口論している方もいるでしょう。

実は、私も前にリストラに遭いました。専業主婦の女房と幼い娘を抱えて途方にくれたのをおぼえています。当時は、先行きへの不安と自分をリストラした上司への憎悪などが重なり、体調を壊して入院もしました。

仕事が無くなった人の気持ちはよくわかります。

この本では、あなたが心の面も元気になり、チーズの場所もわかり、この一冊であなたが見返すことができるようにしたいと思います。

いま、このコロナ禍で20年前に書かれたベストセラー『チーズはどこへ消えた?』が、再び売れているそうです。

『チーズはどこへ消えた？』は、それまで毎日あるのが当たり前だったチーズがある日、突然消えてしまい、新しいチーズを探しに行くストーリーです。

あなたが、この本を読み終わった後に、ぜひ、あなたの新たなチーズを見つけて、やられたことを見返すマインドになっておられることをお祈りしております。

著者

【本書の使い方】

この本は書き込み式です。

「読む」だけでなく「書く」本です。

本文中にあなたに質問が出てきます。

質問は、1問1～2分でできますので記入してみてください。書いたつもりではいけません。必ずあなたなりの回答をアタマで思うだけでなく手を使って書くことで、成果をあげることができます。

そして、各ページの下に、日々のあなた自身のものがたりを記入する欄があります。日付と曜日を記入して、気づき、アイデア、内容は何でもあなたの自由ですので、自分のペースで書いてみてください。

本書であなたは、「読む」という知識をアタマに得ながらの受け手としてのスタンスだけから「書く」というからだを通して主体的に関わり、あなたの心が気づいていくという、あなたが「主役」の本になっていきます。

これにより、あなたはただ「読む」だけでない「決意」がめばえてくるようになっています。

目　次

第2章　ZOOMでどんなテーマをやるか――41

第1章

ZOOMビジネスというチーズを見つけた

チーズは見つかった

ひょんなところからチーズは見つかったのだ。

私は出版社を経営して15年になる。出版社といっても大きなものではなく、書籍の発行に加えてセミナーも開催している。コロナショックの前までは、会社のセミナールームを使っていたがコロナ後は、しばらく会場のリアルとZOOMとを併用していた。ZOOMを使った際には、アメリカ在住の日本人の方が参加してくれていたので、ZOOMの便利さはすぐにわかった。

やがて、三密が叫ばれ、著者とライターとわれわれによるミーティングもZOOMを使うようになった。オン

年　月　日（　）

がんばれ!!

ラインでの打ち合わせがリアルで訪問するのと比べて遜色ないことはすぐにわかった。

リアルであれば、電車での移動時間やライターと喫茶店で待ち合わせた上で、著者のオフィスに訪問する。そして、著者さんからコーヒーを出されて、最初、雑談をしながら本の打ち合わせになっていく。ここまでドアツードアで喫茶店を含めるとゆうに2時間はかかる。

いっぽう、ＺＯＯＭにすると、コーヒータイムもないから、ものの1、２分で本題に入ることができる。それも各自の部屋からだ。これは、各自にとって大きな時短になった。こうして、当社でも最初のうちはＺＯＯＭをセミナーや打ち合わせに利用していた。ちょうど、大企業が従業員にリモートワークをさせるのと似た利用法と

年　　月　　日（　　）

いえる。

既存のお客さんにZOOMで売れた

ある時、著者に十数万円のものをZOOMで営業する機会があった。著者とは人間関係もできていたので、すんなりと決まった。この時、ZOOMは営業にも使えることがわかっただけでなく、リアルよりもお互いの顔だけが映っていることもあって集中できて、かえってコミュニケーションがとれるツールだという印象をもった。

その後、実は他の著者に向けて260万円のオリジナルカードを受注する案件を提案したところ、これもすん

年　月　日(　)

がんばれ!!

なりと成約した。ここまでは、長いおつき合いがあって、もともと太いパイプがある既存客相手だったので、単なるリアル営業を補ってくれるツールぐらいにしかとらえていなかった。

人間関係もできていたことがバックボーンにあったので、遠く離れたところにいるお客さんへの営業ができる便利なツールということでしかなかった。

新規のお客さんにもＺＯＯＭで売れた

それから、まもなく、それまで取引のなかったまったくの新規の方に向けて高額コンサルティングの営業をし

年　　月　　日（　　）

てみたところ、こちらもかなり高い成約率で決まっていった。本業があるため、それほど全力を出したというにはほど遠く、本の編集などをしながらであったが、30日で180万円の成約が得られたのである。

タイトルには公平を期すため、こちらの「30日で180万円」の方の数字を採用している。

さすがに、これは初めての方への提案営業だったので、この成果にはわれわれの側が驚いた。成約がすんなり決まっていくさまにあっけにとられました。「あれっ、また決まったよ」「いままでよりもはるかに苦労が少なくて結果が出る」。しかも、これは初めて試した最初の月の結果にすぎません。その後も同様の結果が続いているのです。

年　　月　　日(　　)

がんばれ!!

ＺＯＯＭはお金を稼げるビジネスツールだった

ＺＯＯＭは「Ｗｅｂ会議ツール」とされていますが、完全に「お金を稼げるビジネスツール」としてとらえ直す必要があると思います。

しかし、そうはいってもやはり最初のうちは試行錯誤がありました。既存客よりは人間関係が築けていない分、やや難易度は上がります。

正直、最初のお客さんが出るまではいろいろと試行錯誤したり、どきどきしたりという心配もありましたが、一つ成約してからは、心の面でも慣れてきて、いまでは

年　　月　　日（　　）

ある程度の高額の契約が決まることも、それほど難しいことだとは思わないようになりました。

考えているよりも意外とかんたんですが、それは慣れたから言えることなのかもしれません。できてしまえば、「なあんだ、こんなにかんたんなんだ」という感じに思えるでしょう。もちろん、難しい知識はいっさい必要ありません。

いま、世の中はコロナショックで経済は大混乱しています。

「オンライン」「リモート」「デジタル」「ニューノーマル」と連日のようにいっています。

しかし、いくらそうしたキーワードを並べられても、何をやればいいのか具体的にイメージがわかなかったり、

年　　月　　日（　　）

がんばれ‼

かえって難しく考えてしまったりするのではないでしょうか？

でも、ここにＺＯＯＭを使って実践したノウハウがあります。

そうです、コロナショックでどこかへ消えたチーズでしたが、新しいチーズがあったのです。それは、たしかに毎日メディアが連呼している「オンライン」「リモート」「デジタル」「ニューノーマル」上のＺＯＯＭにありました。

とはいっても、ＺＯＯＭ自体はただのツールで、やはり本来は「Ｗｅｂ会議ツール」なのであって、決して「お金を稼ぐツール」ではありません。それを利用して、どういうやり方をするかということが大事なのです。

年　　月　　日（　　）

この方法はそれほど難しくはないのですが、何でもそうなのですが、やはりコツというか勘所を習得するには、少し、試行錯誤というか訓練が必要なようです。

最初のうちは、なかなか成約しないといろいろな精神的な焦りや迷いが出てきます。そちらの精神的な部分の方がたいへんでした。「だめなんじゃないか」とか「ずっと決まらないんじゃないか」とか、いわば暗中模索しながら、自分のやり方とテーマを試行錯誤しながらほんとうに成約するのかといった不安のまま、続けていくのです。なんでもそうですが、最初はいろんな不安がわいてくるものです。せっかくの情報を得ても、コツをつかんで実際に習得して成約するまでは、そうした心の面がどうしても少し迷うのでしんどいのです。

年　月　日（　）

がんばれ!!

でも、これも最初の成約が決まるまでのことです。決まってしまえば、もう迷いもなくなり、正直、こんなにも楽でお金もかからず儲かるとは、いままでの苦労が何だったのだろうかと思うはずです。

チーズは見つかったのです。

年　月　日（　）

あいつ
だけは
許さん

ＺＯＯＭとは

ＺＯＯＭにはＷｅｂカメラやマイク、スピーカーなどが必要になる。スマホやタブレット端末は、すでにこれら機能が標準装備されている。ノートパソコンもほとんどが特に別途用意する必要がなく、準備は極めて簡単だ。多くの人が簡単に利用できる。

Ｗｅｂ会議システムの代表的なツールが米国ＺＯＯＭビデオコミュニケーションズが提供するＺＯＯＭである。米国の通信機器ベンダーであるシスコシステムズからエンジニアが独立してできた会社で、設立は２０１１（平成23）年、場所はシリコンバレー（カリフォルニア州サ

年　　月　　日（　　）

ンノゼ）。ＺＯＯＭのサービス提供開始は２０１３（平成25）年からのことである。

もちろん1対多、最大１０００人まで対応できる。ＺＯＯＭがあれば大規模なセミナーや研修にも使えるのである。加えて、世界中で最も多くの人が使っている。これらがＺＯＯＭの大きな魅力である。

ＺＯＯＭは集客から営業、さらにはサービス提供まで一連のビジネスを提供し完結させることができる万能なツールなのである。

年　　月　　日（　　）

がんばれ‼

ZOOMがニューノーマルとなる

今回の新型コロナの襲来により、日本が徹底的に劣っている点がいくつか明らかになった。
その最大のものがデジタル化の遅れであった。

政府が音頭を取ってe－Japan戦略をぶち上げたり、世界最先端IT国家創造宣言をしたり、電子政府構築計画を立案したりした。さらには途方もない労力をかけて、マイナンバーカード制度を推進した。だが、これらはコロナ禍の解決には何の役にもたたなかった。マイナンバーカードなどはかえって足を引っ張ったほどである。

年　　月　　日（　　）

都庁と保健所がＦＡＸで感染者数の情報をやり取りしていると聞いて、唖然とした人も多かったろう。

これからは「ニューノーマル」の時代を迎える。人の働き方が新しい形態に変わるのだ。

正確にはニューノーマルとはリーマンショック前後から叫ばれた新たな金融上の改革のことをいい、今回は「第三のニューノーマル」とも呼ばれている。

このニューノーマルがリモートワークの働き方であり、それを実現するツールがＺＯＯＭだ。

ＺＯＯＭは単なる会議ツールではない。営業もできれば、サービスの提供もできる。ＺＯＯＭで今まで対面で必要とされていた多くの業務をカバーできる。従来なかった大きな可能性を秘めたツールが登場したのである。

年　　月　　日(　　)

がんばれ!!

双方向の強み

ＺＯＯＭによるコミュニケーションは双方向であり、これがＺＯＯＭの大きな強みとなっている。

時節柄、オンラインによる起業セミナーが多くなって、その講師の一人から聞いたことがある。一対多のリアルのセミナーでは一方的であり、ほとんど自分一人でしゃべっている。ところが、ＺＯＯＭでは双方向でやらないとすぐに飽きられる。参加者の集中力が続かないのだ。その代わり、双方向ならではの密なコミュニケーションができる。そのためには、リアルとは異なったコミュニケーション力が必要になってくる。声掛けや笑顔やうな

年　月　日（　）

ずきといったもので双方向での熱量をあげていくことが可能になる。

ＺＯＯＭは人間同士の密なコミュニケーションをつくる

ＺＯＯＭは会議ツールといわれていますが、人と人との深い双方向のコミュニケーションをするのに非常に便利なツールでもあります。

画面を通して、あなたが発信することで、ＺＯＯＭ越しのあなたのお客様は笑ったり泣いたりする。そうした人間対人間の深いコミュニケーションを可能にするものとなっています。

これまでのリアルの会社組織のなかでは、序列、忠誠、

年　　月　　日（　　）

がんばれ‼

接待などタテの世界で動いていました。

しかし、ＺＯＯＭの中ではそういったリアルの世界とは違ったかたちがあります。ＺＯＯＭの中では、立場というものを利用して威張ったり、人を見下したりするということができなくなります。それはなぜかというとＺＯＯＭは無駄なものが一切排除されている世界なので人柄が１００％出てきてしまうからなのです。

役職という鎧もなく、画面を通して、その人自身の内面が映し出されるのがＺＯＯＭなのです。ですから今までのように声の大きい人が目立つ世界から、あまり目立たなかった人も本当の能力を発揮するチャンスが大きくあります。

年　　月　　日（　　）

あぶり出される不要な人材

ＺＯＯＭがあぶり出す不要な存在に「肩書きだけの人」「ムードメーカー」「妖精さん」などがある。

肩書きだけの人は実に多い。肩書きに価するのは声の大きさだけで、ろくな意見も解決策も持っていない管理職もいる。それでも、アナログの世界から声の大きさで自分の存在を主張できるが、ＺＯＯＭではそうはいかない。若手の正論に勝てることなく、多くの参加者から「この部長は肩書きだけで使い物にならない」とレッテルを貼られる。

ハンコを押す以外さしたる仕事もせず、ただ威張り散らしている管理職も必要ない。

年　　月　　日（　　）

がんばれ‼

情報を上から下へ流すだけの中間管理職も必要ない。

ムードメーカーもＺＯＯＭでは不要になった。アナログだから雰囲気が求められるが、デジタルの世界ではほとんど必要ない。高度成長期のころならまだしも、現在の企業は、ムードを醸し出すだけの人に給料を払えるほどの余裕がなくなった。味気ないといえばそうだが、そのようなプラスαの価値は、ビジネス以外で求めるべきなのである。

「妖精さん」とは、社内にいながらろくに仕事をしていない人たちのことで、新聞や雑誌などで指摘されるようになった。朝の数時間しか姿を現さない珍しい存在であることから「妖精さん」と呼ばれているらしい。ＺＯＯＭではこれもまったく不要である。

年　　月　　日（　　）

ＺＯＯＭだと話しやすいという若手社員は多い。声の大きさも肩書きも意見の本質に関係ないからだ。

雰囲気や演出でビジネスをさせていた人もこれから苦しむに違いない。

例えば占い師。雰囲気のある場所を借りて装飾をこらしたり、派手な衣装や化粧をしたり、匂いや光で演出したり、特殊な飲み物やケーキを出したり…。このような小手先のごまかしはきかなくなる。

衣装なら個性を強調するツールとして使えるが、過剰な演出はＺＯＯＭではできなくなる。占い師は占いの内容で勝負しなければならない。雰囲気に酔わせるだけでは、商売が成立しない。

反面、真面目にやってきた人、真に能力のある人が選

年　　月　　日（　　）

がんばれ!!

ばれるようになるだろう。

デジタルだけで大丈夫？

コミュニケーションツールとしてＺＯＯＭは極めて完成度が高い。

とはいえ「しょせん、視覚と聴覚だけでの交流ではないか。人間は五感すべてを使ってコミュニケーションをとるべきだ」と思われるかもしれない。

だが、この視覚と聴覚でコミュニケーションに必要な情報のほとんどを得ることができる。見た目、しぐさ、目つき、表情などでその人間性がわかる。

年　月　日（　）

見た目が９割と主張しているビジネス著者もいる。これに聴覚が加わることで、さらに得られる情報は広がる。

見た目には人間性が表れるのである。例えば、テレビのニュースを伝えるアナウンサーは、ニュースが正確に伝わればそれでＯＫである。だが視聴者はあれこれアナウンサーの品定めをする。好きだの嫌いだの番付まで作り出す。ニュースだけが伝われば、そんなものは不要だが、見た目だけで好き嫌いが出てしまうのである。

ＺＯＯＭの便利機能

ＺＯＯＭの便利な機能を紹介したい。代表的なものに

年　　月　　日（　　）

がんばれ‼

以下がある。

画面共有

リアルな会議では同じ資料を見ながら議事を進めることができる。セミナーでもあらかじめレジメや資料が配られていることが多い。司会者や講師も、プロジェクターに資料を映しながら説明していく。

これをＺＯＯＭでは画面共有の機能でカバーしている。「画面共有」のボタンをクリックすることで、あらかじめ見せたい資料が相手にも見えて共有化できる。

ＺＯＯＭコミュニケーションには欠かせない基本機能である。

年　　月　　日（　　）

ホワイトボード

リアルの会議室やセミナールームにはホワイトボードがあって、文字を書いたり、図を描いたりしてみんなで見ることができる。このホワイトボードの機能が「ホワイトボード」としてZOOMに搭載されている。「ホワイトボード」を選択して、画面共有にすることで利用できる。文字や図を描くことも、描き直したり、消したりすることもできる。もちろん、書いたものを相手に送ることもできる。

録画機能

リアルでは議事録作成のために、会議の内容を録音することがある。そのためのレコーダーも多く発売されて

年　　月　　日（　　）

がんばれ‼

いるほどだ。

ＺＯＯＭにはこの録画機能が用意されている。無料では利用できず、有料版から利用可能となっている。

議事録作成のためだけではない。会議に参加できなかった人に内容を伝えることができるし、セミナーの場合は有料で販売することも可能だ。

録画をユーチューブにアップすることで、プロモーションに利用することもできる。

クラウド保存

これも録画機能に含まれているもの。クラウドのストレージに録画データを保存できる。

録画データは時間によってはギガクラスの膨大な容量となる。これらをパソコン内に保存していると、ハード

年　　月　　日（　　）

ディスク容量を圧迫する。しかし、サービスとしてクラウド保存を選択できるため便利である。
保存するとそのＵＲＬが提供される。このＵＲＬを相手に知らせることで、録画データを共有することができる。もちろん販売も可能だ。

チャット機能

チャットとは、リアルタイムに文字を入力して会話することで、セミナー中にお互いに疑問点を質問したり回答したり、感想を書いたりすることができる。

バーチャル背景

ＺＯＯＭは自室が背景となって映ってしまい、これに

年　月　日（　）

がんばれ‼

抵抗を示す人が多かった。自分の部屋や居間が相手に見られてしまうのである。

そんな人のために用意されているのがバーチャル背景だ。あらかじめ背景として画像が用意されており、その中から適当なものを選択することで設定できる。気に入ったものがなければ、自分の好みの画像を他から選んで、背景とすることも可能だ。

年　　月　　日（　　）

いまに
見ていろ
!!

第2章

ZOOMでどんなテーマをやるか

コミュニケーションをベースとしたZOOMビジネス

ZOOMで可能となるビジネスはコミュニケーションをベースとしたものである。

例えば以下があげられる。

カウンセリング

クライアントからの相談を受けて的確な回答や道筋を示す。カウンセリングは国家資格もあるが、特になくてもかまわない。

カウンセリングには人生経験が不可欠に思うかもしれないが、決してそんなことはない。回答は相談してくる

年　　月　　日(　　)

がんばれ!!

本人がすでに持っているのである。それを引き出すのがカウンセリングの仕事であり、自分のもっている経験を提供するものではない。

クライアントからの相談内容をじっくりと聴き、その本人自らがもっている回答を導き出すことができればカウンセリングはビジネスとして成立する。

コーチング

適切な質問で相手を望むゴールに導いていくような仕事である。

例えばダイエットのコーチングがある。すでにダイエットに関しては膨大な量の情報が提供されているが、ダイエットのニーズはまったく減っていない。むしろ増えている。新たなダイエットの方法は次々と生まれ、次々

年　　月　　日（　　）

と陳腐になっているのである。

ここで必要なのは情報ではなく、継続させるコーチの役割である。できれば経験豊富で十分なテクニックを持っていることが望ましいが、これはマストではない。伴走してくれるだけでもかまわない。それだけのニーズが市場には存在している。

ティーチング

これは広い意味ではコーチングといえるかもしれない。子どもに勉強を教える先生の役割である。

コーチングもそうであるが、ティーチングも何も教える技術や学歴は必ずしも必要ではない。伴走でもいい。基本的に情報社会のいま、相手が知らないことを教えることはビジネスとして成立する。

年　　月　　日(　　)

がんばれ!!

これは子どもに限らない。資格所得を目指す社会人はじめ、ありとあらゆる全てのジャンルが含まれる。

コンサルティング

企業や個人の求めに応じて、専門的な見地からアドバイスしたり、解決策をサジェスチョンする。

コンサルティングというとシンクタンクの経営コンサルティングやITコンサルティングを思い浮かべるが、他の人よりもやや詳しい分野があればコンサルティングが可能である。それを見つけ出すのはさほど難しいことではない。

ここにおいてコンサルティングのコンサルティングが必要であり、それが私たちスタッフであると自負している。

年　　月　　日（　　）

その他のZOOMビジネス

以上のように、ZOOMはこれまで対面での提供が一般的であったサービスをほとんど置き換えることができる。

すでにリモートのバーやガールズバーもZOOMで行われている。

ただ寄り添うだけのビジネスもある。

これらかつて対面で行われていたサービスをZOOMに置き換えるビジネスを本書では「ZOOMビジネス」と呼ぶことにする。

年　月　日（　）

がんばれ‼

何をテーマにするか

ここまでＺＯＯＭビジネスの魅力について語ってきた。なるほどやってみたいという人は多いだろう。だが、ここで躓くのが、何をテーマとするかだ。

私の経験からすると、９割がここで立ち止まってしまう。

それほど難しい。

だが、その人に適したＺＯＯＭビジネスが確実にあるものだ。

ところが、これが当然だが、一人ひとり千差万別である。自分だけで考えていても煮詰まることが多いようだ。そのために私たちスタッフが存在するのである。その解

年　　月　　日（　　）

決策の事例を示したい。

営業アドバイザー　経験をいかす

ほとんどの人が自分の特技が見えていない。何十年か生きていれば、人と比較して抜きん出ているところがあるのだが、それがわからない。

ここで登場するAさんもそうであった。Aさんは長く企業に勤めて営業をしてきたのである。

Aさんは起業を考えていたが、自分では何もできないと壁にぶつかっていた。もう定年に近いし、次の仕事を見つけたいのだが、雇われて営業をしてきただけで何の取り柄もない、そうぼやくのである。

とんでもない！　営業キャリアというすばらしい実績があるのに、自分では気がつかないのである。その経験

年　　月　　日(　　)

がんばれ‼

をいかして営業アドバイザーになることを勧めた。Ａさんは半信半疑だったが、私に説得されてそうかもしれないと考えるようになった。そして、自分のキャリアを生かしてＺＯＯＭ起業に成功した。

行政書士　資格をいかす

経験と同じように資格も重要な自分の持っている武器であるが、それがどうやら見えないようだ。

行政書士資格を持っているのに、その資格で講師やアドバイザーになれると考えが及ばないようだった。誰から見ても立派な資格だが、Ｂさんにすると周りがみんな行政書士だからまったく特別には思えない。さらに周囲には優秀な人も多く、自分は行政書士としてはさほどのレベルではないように見えたらしい。

年　　月　　日（　　）

とんでもないことである！　振り返って見てみることだ。Bさんの後を追って何万人もの人が行政書士を目指している。その人数を認識することだ。

先ばかり見ていては、自分が小さく見えるかもしれない。だが、振り返ってみるとずいぶん高い位置にいることが多い。それをいかすべきだ。

Bさんは行政書士を目指す方々を対象に書籍も出版し、成功を収めた。

人生のカウンセラー

特化した技術や経験を見つけ出すことができればいいが、なかには本当に何もない人がいる。

Cさんもそんな一人だった。そこで、悩みの人の相談に乗るカウンセラーを始めた。

年　　月　　日（　　）

がんばれ‼

ただ、ひたすら相談者の悩みの相談に寄りそうことだけにつとめたのだ。そんなことがＺＯＯＭでは可能となっているので、注目したい分野である。

実際、「おっさんレンタル」というサイトがあり、登録者が多い。１時間千円でおっさんをレンタルできる。

また「レンタルなんもしない人」が話題になっている。「なんもしない」サービスであり、ただそばにいてあげるだけである。何もしなくても、寄りそうだけをビジネスとしている。

趣味をテーマにする

これは比較的考えやすい。夢中になっている趣味を中心に講師やアドバイザーなどをする。これもそんなに深く突き詰める必要はない。これで成功したのがＤさんで

年　　月　　日（　　）

ある。古代史で開業した。

新米の占い師　ニーズは確実にある

自分の技術レベルに自信が持てないと尻込みしている人は多い。これは当然であろう。上をみれば限りなく達人がいる。だが、すべての人がトップクラスのレベルを求めているわけではない。それなりの技術で十分という市場も多いのである。

例えば、占い師がある。評判になるようなベテランになると、有名企業の社長が相談に訪れる。しかし、デビューしたばかりの初々しい占い師には女子中学生や女子高校生の相談者がついてくる。

年　　月　　日（　　）

がんばれ!!

むしろ初々しい先生ということで親近感をもたれるようだ。気が引けてしまうという人には、自分のレベルに応じたお客さんが現れるという真実を知ることが大事である。誰だっていきなりベテランにはなれない。初心者からどんな大家だってスタートしている。いきなり親鳥から親鳥が産まれず、みなヒナとして産まれるのと同じである。

ヒナの段階でもそれなりのお客さんが現れてくれる。これは占い師を例にしているが、すべての分野に言えることだ。神さまはそのように創っているようだ。最初はみな初心者だ。でも、そのよちよち歩きの段階でも、その人にふさわしいお客さんがちゃんと用意されている。だんだんとお客さんに育てられて、ヒナはベテランになっていくから構わないのである。

年　　月　　日（　　）

ヤンキーあがりの教師が話題になったことがある。教師は全員が東大卒がいいのかというとそうとはいえない。プロのスポーツ選手が素人に教えることは難しい。相手が「わからない」ということがわからないからである。

勉強が苦手な生徒や素行に問題がある生徒には、東大卒の先生よりも、むしろ「俺だってお前たちと同じように昔は不良してたんだぜ」と言ってくれるような先生の方がベストだ。

なんだって一番でなくてはいけないわけではない。むしろ、「私だってうまくできなかった」ということを好む人も多い。

相手にとって必要な人がベストなのである。

年　　月　　日（　　）

がんばれ‼

テーマ探しのキモは「悩み」と「対話」

悩んだことのない人はいないだろう。誰にでも悩みはある。成績のことでくよくよしたり、運動音痴で苦労した人も多いだろう。背が小さかったり、太っていたり、顔が大きかったり、髪の毛が縮れていたり、病気があったり……。これらはキリがない。

これらがテーマ探しの大きなヒントとなる。

そこで求められるのが誰かとの対話だ。対話することで、自分の内面が見えるようになる。

外部から入ってくるものをキャッチするために、人の目も耳も外を向いている。しかし、テーマ探しで不可欠

年　　月　　日（　　）

となるのが内側への視覚と聴覚である。

自分を見つめることでテーマが浮き彫りになってくる。だが、人間はそういう風にはできていない。

そこで誰かとの対話だ。他者との接触で初めて自分という存在がわかる。テーマも同じである。

「ジョハリの窓」というものがある。自分が知っている「自分の特徴」、他人が知っている「自分の特徴」の一致・不一致を比較分析し、理解を深めていく手法である。

米国の心理学者ジョセフ・ルフトとハリ・インガムが開発し、その名前となっている。

私も紙に書くまでもなく、対話でこの手法を応用している。これで、自分自身に気がつく人はずいぶんと多く、その気づいた内容がテーマにつながっていく。真の自分

年　　月　　日（　　）

がんばれ!!

に気がつき、泣き出す人もいれば笑いだす人もいる。

観光地は外部から来る人にとって価値がある場所だ。ところが、そこに住んでいる人にとっては、あまりに当たり前でその価値がわからない。

「ターナーが描くまで、ロンドンに霧はなかった」と詩人のオスカーワイルドが言っている。ターナーはイギリスのロマン主義の画家で、霧の中を走る蒸気機関車や汽船を描いている。

ターナーによってロンドンの霧は芸術に昇華し、ロンドン市民に認められるようになった。それまで霧は市民にとって、うっとうしい存在でしかなかったのである。

テーマの存在も誰かに指摘されないとわからないのと同じということだろう。

年　　月　　日（　　）

著者と編集者の関係

私は三楽舎という出版社を経営して、15年ほど編集兼プロデューサーの仕事もしている。

編集者と著者の関係においても、伴走者の重要性を示すことができる。

編集という仕事をご存じない方はきっとこんな風に考えているに違いない。

「著者先生が書いた原稿の誤字脱字をなおしたりするのが編集者の仕事だ。字をなおすだけだから楽でいい」。

とんでもない。実態はまるで違う。

編集者は裏方ではあるが、誤字脱字を修正する程度の

年　　月　　日(　　)

がんばれ!!

軽い役割ではない。著者に次のテーマのヒントを与えたり、そのための資料を集めたり、執筆を後押ししたりする。

著者は一人で矢面に立つことから、精神的に苦しいことも多い。これを受けとめ、励ますのも伴走者の仕事である。

新鋭のライバルが現れ、自信を失いかけた著者を勇気づけるのも編集者の仕事だ。不安や迷いの聞き役となり、次の指針を示す。

まだはっきりとはしていないうすぼんやりとしたテーマについて、いっしょになって霧を晴らし、はっきりとしたテーマにするまで付き合う。

時には、著者に新境地を開かせるために、やったこと

年　　月　　日（　　）

がない新たなテーマの材料を与えて挑戦させる。

私はこのような作業を通じ、いかに伴走者の存在が大切かを認識している。

ZOOMビジネスのテーマ探しも同じことである。

一人では見えないことも、伴走者には見える。それを教えてもらうことが重要なのである。私たちは編集者としてかげで著者を支え、育てることを15年以上もしてきたからこそ、あなたの心に寄り添い、テーマの深掘りをすることもでき、かたちにするお手伝いをすることもできる。

なかなか一人で自問自答しても答えが出ないこともある。ちょうど、ピッチャーに対するキャッチャーのような立ち位置だと思っている。

調子が悪い時もペースを引っ張っていき、励まし、狙

年　　月　　日(　　)

がんばれ‼

いのコースに来た球を受けとめる。

１人でテーマなどに悩んでいる方にはお助けできる自信はある。もちろん、テーマだけではなく、アドバイスは全般にわたってできる。最初はヒナのようだった先生を見違えるような親鳥にしたことがある。おかげで、その先生のところにマルサが二回も入ったこともあったが。

誰でもできるZOOMビジネス

独立しやすいZOOMビジネス

独立起業で最もリスクが少ないのがＺＯＯＭビジネス

年　　月　　日（　　）

だ。

ＺＯＯＭは金銭的リスクが小さい。

たった一人で自宅の自分の部屋から開業できる。

オフィス家賃やセミナー会場費や移動交通費、人件費がゼロでその上資料コピー費用すらかからない。

時間の面でもオフィスやセミナー会場までの移動時間がゼロなのだ。セミナー資料の人数分のコピー時間もゼロだ。

場所や移動の制約からも逃れることができることは参加者が広く遠方からも参加してくれるということなのだ。

セミナーなどに日本中どころか世界中から参加することが可能になるのだ。

年　　月　　日（　　）

がんばれ‼

経験を生かすことができる

それまで培ってきた知識、ノウハウ、経験を生かすことができる。

営業をしていたなら営業コンサルティング、経営企画部門であったら経営コンサルティング、マーケティングだったら集客コンサルティングなどが考えられる。

業種によっては技術コンサルティングや土木系コンサルティングといった分野もある。

持っている資格を生かしたコーチングもいい。ビジネスや医療福祉、癒し系の資格もコーチングとして提供できる。ビジネスの現場に長けていれば、ビジネスコミュニケーションもコーチングとしてできる。

趣味として行っていた占いや風水、ボディケアもセッションで提供可能だ。

年　　月　　日（　　）

リストラ起業で見返そう

リストラは個人の意志ではなく、会社から一方的に言い渡される。
これが早期退職の募集であれば、自分の意思で受けることも拒否することもある程度はできるが、リストラは肩叩きであり、ピンポイントにやってくる。避けようがない。

日本は法制度がしっかりしているので、労働者はある程度守られているとはいえ、もちろん、それは表向きのことだ。会社はあの手この手で、苦しめてくる。残るも地獄なのである。それならある程度退職金を上積みしてもらえる場合は、早々と退職し、苦痛から逃れた方がい

年　　月　　日（　　）

がんばれ!!

い。

そして、リベンジするのだ。残っている社員やいやな思いをした会社を見返すだけの成功をしよう。

これがリストラ起業である。

リストラは誰にでも起きる

リストラは自分には起きないとはまったく保証できない。誰にでもその危険性がある。

ある管理職はかわいい部下をリストラせざるを得なくなり、苦渋の思いで数人をクビにした。これには眠れない思いもした。リストラはされる方も厳しいが、する方もそれなりの苦痛が伴うのである。ところが、その管理職はリストラ勧告の責務から逃れたらすぐに、今度は自分がリストラされた。

年　　月　　日（　　）

こういうことを平気で行う企業も世の中には存在する。競争が激しくなり、経営環境は加速度的に厳しくなり、企業には利益の少ない部門を残しておくわけにはいかなくなった。撤退するかもしれないし、売却するかもしれない。その際に不要な従業員はお払い箱にされる。

基幹部門でも生産性の少ない社員を雇っている余裕はない。ただ存在するだけのような社員はリストラされる。

加えて今はＡＩが発達し、企業に導入されるようになった。ＡＩで人間が不要となる職種や仕事には、以下があると指摘されている。

・受付係
・一般事務員
・学校事務員

年　　月　　日（　　）

がんばれ‼

・銀行窓口
・警備員
・建設作業員
・スーパー・コンビニ店員
・タクシー運転手
・電車運転士
・データ入力
・集金人
・ホテル客室係
・ホテルのフロントマン
・工場労働者

いわれてみるともっともである。ルーティンワークがほとんどである。こうした仕事はＡＩやロボットにより、どんどん置き換えられようとしている。

この流れには抗しようがない。多くの人にリストラの

年　　月　　日（　　）

危険性があるのである。

リストラされにくい職業とは

テレビCMで「経理作業が大変」というものがある。そこでシステム化して、大変な経理作業から解放される。そこまでがCMだが、続きもあると私は思っている。不要な経理作業はなくなるが、同時に担当者も不要になる。効率化や省力化とはこういうものだ。

リストラされにくい職業もある。

・弁護士
・プロデューサー
・医師
・宗教家

年　月　日(　)

がんばれ!!

・アーティスト
・コンサルタント
・カウンセラー
・デザイナー
・教師

などである。しかし、在職中に改めてこのような職業を目指すのは困難だ。

企業は本人の意志に関わりなく人事異動を発するし、リストラもその一つである。

だが、上記「弁護士」「医師」「宗教家」「アーティスト」まではいきなり変身することは困難だが、「コンサルタント」「カウンセラー」「デザイナー」「教師」であれば、リストラ後にZOOMでビジネスとすることができる。

年　月　日（　）

再就職は無間地獄である

なかにはリストラ後、あわてて次の就職先を探す人がいるかもしれない。

リストラを経験した私に言わせれば、再就職ほどつらいものはないと訴えたい。

サラリーマンほど上司の一存に左右される身分はない。自分の運命のほとんどが上司の好き嫌いにかかっている。上司の機嫌を伺い、お中元やお歳暮を忘れず、引っ越しといえばかけ参じてお手伝いする、こんな人間が出世するのが世の常である。

これで自分の人生ということができるだろうか。自分の人生を上司が掌握しているのである。私は、もう二度とサラリーマンはやらないと誓った。

年　　月　　日（　　）

がんばれ!!

リストラされたら、次の就職先を探すのはやめた方が賢明である。たとえ、たとえば、次の勤め先で営業マンとして売上を出して成果をあげても、サラリーマンとしての人事権は上司が握っている。ここに人間の自由や尊厳はない。

企業も組合もあなたを守ってくれる余裕はすでになくなっている。

周囲は安定した会社への再就職を望むだろう。私の場合もそうだった。

しかし、次の企業でも必ず地獄は待っていると私は思った。

地獄の次も地獄。さらに環境は悪化する無間地獄である。

年　　月　　日（　　）

ZOOMで起業

リストラされた方にお勧めしたいのが、ZOOM起業である。

リストラされたら背水の陣となっており、逡巡している時間はほとんど残されていない。一刻でも早く次の稼ぎ口を見つけなければならない。これは、時間がたっぷりあってなかなか起業に踏み出せない人よりも、ある意味では幸運かもしれない。

「チャンスの女神は前髪しかない」ということわざがある。好機はすぐにとらえなければならない、後からつかまえることはできないという意味だ。通り過ぎてからつかまえようにも、後ろ髪がない。追いかけても間に合わない。チャンスはあっという間に過ぎるから、すぐにで

年　　月　　日（　　）

がんばれ‼

も行動に移さなければならない。この機敏な動きがリストラされた方には求められている。

ＡＩで代替できない職種に「コンサルタント」「カウンセラー」「デザイナー」「教師」がある。これはＺＯＯＭで提供可能なサービスである。これこそ、リストラされた方に残されている幸運なのである。

時間がないのは幸せである。選択肢が限られているのも幸いである。今すぐ飛び込まなければならず、迷っている暇がないからだ。

定年後こそZOOM起業

定年を迎えた方々には多くの強みがある。

まず、社会人経験が豊富である。何十年も会社で過ご

年　　月　　日（　　）

してきたのである。

次に、お金がある程度自由となっている。退職金があり、差し迫って足りないという状況ではない。

人によっては元いた会社の肩書きをいかせて信用されやすいかもしれない。

そして、本業で培った豊かな知識、ノウハウ、経験を持っている。

これらをいかしてＺＯＯＭ起業することをお勧めしたい。

定年後の起業をシニア起業と呼ぶ。この人数は確実に増加している。

背景には老後の資金が足りないことがある。

さらに、生きがいを望んでいることも多い。それまで

年　　月　　日（　　）

がんばれ!!

会社の中で仕事に追われてきたのに、いきなり何もすることがなくなる。

ＺＯＯＭ起業なら今まで培ってきた知識、ノウハウ、経験をいかすことができる。これらをベースにコンサルタントの開業が可能となる。老後を脅かすほどの資金もかからない。

ＺＯＯＭ起業は極めて経費のかからない方法である。簡単なコツを習得する必要はあるがそれほどの苦労はない。

私たちスタッフも支援させていただく。

年　　月　　日（　　）

他では教えていない
あなたの中に眠っている
お金に換わるノウハウを
扉の外に
出します。

それは、
たくさんの著者を出してきた
出版社だからこそ。

著者を育てるように
あなたのビジネスを育てます。

始めるなら今！　ビジネスモデルも情報も陳腐化する

今は大きな歴史の転換期であり、新たな時代の始まりである。この絶好のタイミングを逃してはならない。

さらに、陳腐化が早いのが情報だ。

ＺＯＯＭを利用したビジネスは新たなビジネスである。マネされやすい手法であり、やればだれでもできるものである。だからこそ、あなた自身の分野ではあなたがいち早くスタートする方が有利である。

同じ分野でひしめき合うことになれば、後発で参入してもなかなか難しいだろう。

年　　月　　日（　　）

がんばれ!!

では、どうすればいいか。

ＺＯＯＭビジネスはまだ希少性があり、ＺＯＯＭ起業は知れ渡ってはいない。すでに環境は整っているが、多くの人が気づいていない。だからこそ、今やる価値がある。

先進的な人は、早々とＺＯＯＭビジネスに取り組むだろう。そして、これから一般的になっていくに違いない。

ＺＯＯＭビジネスに今すぐ踏み出すべきタイミングだ。時代はすでに変わっているのである。

年　　月　　日（　　）

本書をご購入いただいた方へ特別プレゼント !!

シークレットナンバー

この番号は、
本書をご購入いただいた方限定で
下記のQRコードからご記入いただくことで
特典をお受け取りになれるものです。

0722

https://peraichi.com/landing_pages/view/kgr8w

こちらからもお申込み受け付けます
→　hk@sanrakusha.jp（件名【シークレットナンバー】）

第3章

見返すための あなたのマインドセット

Let's Write! 1回目

よく本などでは「怒りのエネルギーでは成功できない」とか「仏の心で」と書いてあったりします。あなたは、どう思いますか？

怒りの
エネルギー
でなにが
悪い！

しかし、実際に理不尽な目に遭って、「赦したり」「仏の心」になれるでしょうか？

無理です！

私はリストラに遭った直後、恨み、つらみを書いたノートが百冊以上になりました。ノートに書いても書いても、根本的に消えるわけではないのですが、一時的に気分が多少は落ち着いたからです。

でも、しばらくすると、また、「くそーっ！」と悔しい気持ちがこみあげてくるのです。

いまでも、リストラを宣告されてから、やめる日までの三か月間に新橋の街をとぼとぼ歩いた道の上には、当時の私の残留思念があるのではないかと思うほどです。

年　　月　　日（　　）

がんばれ‼

このくやしさをバネにしてがんばることができるのです。

だから、私はこう思います。

「憎んだり、悔しいという心を恥じる必要なんかない」

なぜなら、この憎い、悔しいという感情は自然にわいてくるものだからです。

自然にわくということは、神さまが人間をそのように創造したということです。

ということは、神さまはむしろ、このマイナスのエネルギーを原動力として使え！　と言っているのです。神さまは、あなたの味方なのです。

憎しみや悔しさというマイナスの感情は、神さまから人間に用意された再生のためのスイッチなのです！

年　　月　　日（　　）

せっかく神さまが用意してくれたのだから、恥じる必要はまったくありません。

それを存分に再起のためのエネルギーにしていきましょう！

そうして、あなたが実際に成功すれば、そんなものはもう気にならなくなるのです。

年　　月　　日（　　）

がんばれ!!

《コラム》私のリストラ経験

私はリストラされてドツボだった。年も押し迫った12月の末、私は突然前触れもなくリストラを宣告された。内線電話が鳴った。

「小林さんちょっと役員室まで来てください」私は役員室のドアを開けた。応接のいすに座るように促されて、開口一番次のように宣告された。「はっきり申し上げます。来年の3月までに次の勤め先を探してください」私はあまりのことに驚いて「はい」と力なく頷くことしかできなかった。

12月にリストラを宣告されてから3月の退職の日まで、私は全く仕事をする気になれず、朝出勤すると夕方退社するまでの時間を、ただ外出し新橋の街中をどこへともあてもなくぶらぶらと歩いて時間だけを過ごしていた。ただただ苦しく辛く、耐えられない気持ちのまま、図書館と喫茶店に立ち寄るほかは歩いていたが、私が歩いたそのエリア一帯には、その日々の、つらかった残留思念が刻み込まれているのではないかと思うほどだった。

それから私は原因不明の腹痛で入院するほど体調を崩した。ショックと悔しさとで自分で自分の体をいじめていたらしかった。妻と5歳の娘が見舞いに来たが私は情けなくて仕方がなかった。いくら検査を重ねても一向に原因がわからず、とうとう外科医師3人が上から私を覗き込んで言った。「お腹を開いてみないことには原因がわかりません。しかし、開いたからといって原因がはっきりわかるとも限りません、どうしますか？」私はしばらくこのまま様子をみますと言って開腹手術を待ってもらった。

そうして点滴だけでベッドで寝ている日々が3週間ぐらい経った頃原因不明の腹痛は跡形もなく消えていた。やがて3月末日の退職の日がやってきた。私は悔しさをグッとこらえながら平静を装い職場の一人一人に退職の挨拶をした。そして私は会社を辞めた。

22年経った今でもあの時のことははっきり覚えている。

Let's Write!　２回目

よく本などでは「怒りのエネルギーでは成功できない」とか「仏の心で」と書いてあったりします。あなたは、どう思いますか？

仏の心なんかクソくらえ！
怒りのエネルギーで何が悪い‼

バカ

ヤロー

!!

Let's Write! 1回目

あなたはいまのコロナ禍は、政府や会社の社長や身近な誰かがどうしたらいいか、素早く方針を出さないことが悪いと思っていますか？

突然の変化は誰にとってもショック

いま、あなたがコロナで以前と仕事、暮らし、いろいろなことが大きく変化してしまっているでしょう。なかには、収入がほとんどゼロになってしまった人もいるかもしれません。

今回の変化はあまりにも急激なため、リストラにあってしまった方もいると思います。これまで味わったことのない変化は人の処理能力を超えて、一時的に対応できなくなるのです。

コンピュータでも、砂時計が出てきて、時間を稼ぐことがありますが、ちょうどそんな感じです。キャパオーバーです。

こういう時は、時間をおいて、「待つ」しかありませ

年　　月　　日（　　）

ん。

少し落ち着いたら、自分のペースで処理を再開するのですが、その前に気を付けてほしいのですが、同じところをグルグルと回ることはムダでしかありません。

一時的には、仕方がないと思いますが、いつまでもそこにずっと同じままに怒っていたり、泣いていたり、嘆いてみても、誰かのせいにずっと長い間、し続けていても、何も変わらないから意味がないです。

落ち着いたら、次の段階にいきましょう。

その時は、静かに一人になって自分自身の頭で考えてみましょう。

年　　月　　日（　　）

がんばれ‼

《コラム》学校は「指示待ちサラリーマン」養成所

日本は教育制度の整った国である。ところが、この教育制度に問題がある。

日本で行われている教育は、最終的に産業界で役立つことを目的としている。規則に忠実に従い、教科書どおり動く、経団連にとって、都合のいい人間をつくろうとしているのである。


クラスには班があり、グループで働くように仕向けられる。指示は班長から出される。班はクラス委員の指示に従う。班長やクラス委員が中間管理職である。先生は管理職になる。さらの上の層となる副校長や校長は経営層である。

このような擬似的な企業構造で、集団活動において一糸乱れず行動できる訓練をしているのである。学校はサラリーマン養成所なのである。

先生の言うがままに動く生徒は優秀な社員である。覚えめでたく出世のできるサラリーマンとなる。これに対し、先生の指示に疑問を呈したり、逆らって行動する生徒はワルということになる。非行少年のレッテルを貼られることになる。

教育のおかげで、私たちは知らず知らずのうちに、反骨に恐怖感を覚えるようになる。羊の群れと同じだ。群れから離れると牧羊犬が追いかけてきて、吠え立てて群れに戻そうとする。

これで指示待ち人間が完成する。

しかし、もう群れから離れたのだ。

指示を待つ必要はないのだ。

Let's Write! ２回目

あなたはいまのコロナ禍は、政府や会社の社長や身近な誰かがどうしたらいいか、素早く方針を出さないことが悪いと思っていますか？

誰かの指示を待たずに
自分で考えて行動しよう

Let's Write!　１回目

あなたはいま、コロナで以前とまったく違ってしまいました。
いったい、何が悪いのでしょう…？
あなたはどう思いますか？
書いてみてください。

コロナは誰のせい？　誰が悪いのか？

あなたにとって大切なチーズである仕事がコロナで大きく傷ついてしまっている場合、あなたは、そのことをどう思っていますか？

チクショー、コロナウイルスさえ発生しなかったら、こんなことにならなかったのに…。

いち早く対応しなかった政府がすべて悪い…。

ころころ経済優先と安全優先の二つの車輪の片方にかたよる方針が悪い…。

経済が回復して人々が安心できるまで、政府はお金をばらまいて支援するべきだ…。

いろいろとネット上ではさまざまな不満の書き込みがされています。

あなたはどのように思われますか？

年　　月　　日（　　）

がんばれ!!

たしかに、コロナウイルスはあなた自身のせいではありませんから、不満もよくわかります。

しかしながら、少し考えるとわかるのですが、コロナウイルスはあなたのせいではないのと同じように、政府のせいでもありません。

政府は被害者側です。あなたとまったく同じなのです。同じように会社の社長も被害者です。多くの人の責任を背負っている分、たいへんかもしれません。

つまり、ここではっきりしていることは誰も悪くないということなのです。彼らは犯人ではない。それどころか、あなたと同じように被害者ですし、むしろ責任の大きさはとても大きなものですから、彼らを責めてもしか

年　　月　　日（　　）

たがないということです。

どこかを責めてみても、実はまったく関係がないということなのです。政府も経営者も、誰も悪くない。加害者ではない。みんな被害者なのです。責めるべき相手ではないのです。

年　月　日（　）

がんばれ‼

Let's Write! ２回目

あなたはいま、コロナで以前とまったく違ってしまいました。
いったい、何が悪いのでしょう…？
あなたはどう思いますか？
書いてみてください。

政府も経営者も、何とかしようと
懸命になっています
あなたと同じように
今回は被害者です

Let's Write! 1回目

あなたは、いま身近な家族とどんな関係でしょうか？

家族との関係

あなたはいま、新型コロナウイルスの影響でリストラ（雇止め）になってしまいました。あなたは、パートナーや家族との関係はどんな感じですか？

あなたは収入がゼロになってしまっているかもしれません。

勤め先から解雇や雇止めされれば、当然、その影響は家族全体に関係します。

そうなると、どうしても精神が緊張していますから、ほんの小さなことで口喧嘩するようになります。

それまであった給料がなくなったのですから当然です。あなた自身も不安を抱えているのと同じように、身近な人もあなたと同じように不安なのです。

年　　月　　日（　　）

がんばれ‼

つい相手を責めてしまいがちになりますが、よく考えてみてください。相手の責任でいま、こうなっているのでしょうか？

相手のせいではないことがあなたにもわかっているはずです。

家族に対して、あなたがきつい言葉をぶつけると、そのいちばんの被害は誰がこうむると思いますか？

あなたがもっとも損するのです（笑）

相手にあなたが、きつい言葉を吐いたら、あなたには自分のしたことの反作用がやってきて、同じように相手から、あなたにきつい言葉がぶつけられてくるのです。

やまびこのようなもので「おーい」と言ったら「おー

年　　月　　日（　　）

い」と返ってくるようなもので間違いなくそうなります。

心の内には、あなたを応援する気持ちもあるのです。

でも、どうしても心配の気持ちが先に立ってしまって、あなたに対して、非難したり、なじったり、侮辱する言葉を吐いたり怒ったり、人間性を否定してきたりしてきます。

相手はただ、不安なのです。

優しい気持ちは奥に引っ込んでしまい、表に不安だけが出てきてしまうのです。

ただ、それだけです。

相手を責めても仕方がないし、あなたも責められるような悪いことはしていません。

突然、コロナという環境変化が起こり、あなたに雇止めやリストラというかたちで余波が及んだ、これが真実

年　月　日(　)

がんばれ‼

です。

だとしたら、責められる必要のない者同士がいがみ合うことはまったくのムダです。それよりも、相手は不安なのです。

「だいじょうぶだよ、必ず挽回できるよ、やり直せるよ」と言ってあげてください。

年　　月　　日（　　）

Let's Write! 2回目

あなたは、いま身近な家族とどんな関係でしょうか？

家族は悪くない
責めずに、
だいじょうぶと言ってあげよう

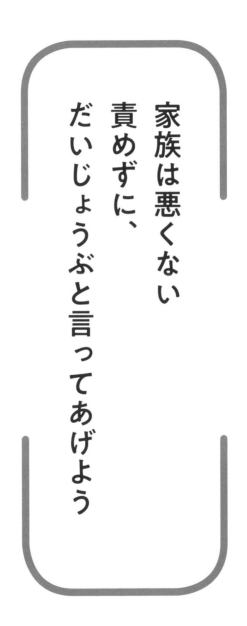

Let's Write!　1回目

コロナであなたはリストラ（雇止め）されて無職になってしまいました。

このままでは不安です。

あなたは、不安なまま、何をどうしたらいいかわからず、ただ、不安におびえているだけの日々を送っています。

いまのあなたはどんな日々を送っていますか？

書いてみてください。

こわいから…

あなたはコロナで急に周りの環境が変化してとまどっています。

いろいろな影響が及んでいます。


でも、どうしていいのかわかりません。

あなたはどうするでしょう？

『チーズはどこに消えた？』の話の中でも、二人の小人と二匹のネズミとでは行動には、それぞれ違いがありました。

二人の小人の一人は「こんなことあっていいはずがない」と言って嘆き怒って何も行動しませんでした。

もしかしたら、恐怖で縛られていたのかもしれません。

年　　月　　日（　　）

しかし、もう一人の小人はいつまでもこんなところにいたままではいけないと思い、何の見通しもないけれど、新しいチーズを探しに出かけました。この出かける行動を支えたものは何でしょう?

彼も動こうとはしない小人と同じように不安であったと思います。

「こわい」という恐怖の感情はいっしょなのです。

その後の行動は違います。

こわいから、何もしないでずっとそこに居続ける

もう一人は、こわい…けど、どこかを探しに行こうと外に行く

こわいのはこわいのですが、問題はその後どうするかです。

年　月　日(　)

がんばれ!!

当然ながら、探しに行かなければ新しいチーズは見つからないのです。
チーズが無くなってしまった場所で、いつまでもとどまっていても、チーズが現れることはないのです。

年　　月　　日（　　）

Let's Write! 2回目

コロナであなたはリストラ（雇止め）されて無職になってしまいました。

このままでは不安です。

あなたは、不安なまま、何をどうしたらいいかわからず、ただ、不安におびえているだけの日々を送っています。

いまのあなたはどんな日々を送っていますか？

書いてみてください。

こわいのは当たり前
こわいから、動かないか
こわいまま、何か動くか

Let's Write! 1回目

ずっとあなたはもっと自由になりたいと願っていました。いままでは、勤務先に縛られてきたからです。コロナの影響で、あなたはリストラ（雇止め）に遭って勤務先との関係が切れてしまいました。

さあ、あなたは今後も含めて、どのように思っていますか？

《コラム》会社をリストラされたので起業の勉強やめます

数年前のできごとだった。その頃、起業のための講座を開いていた。受講者にはいろいろな方がいて、自営業もいれば、サラリーマンの方もいた。

よく質問してくるサラリーマンの受講者がいた。

ある時、その男性サラリーマンの受講者から電話がきた。

「会社の業績が悪くて、会社をリストラに遭いました。いままで親切に指導していただきありがとうございました。これから次の勤め先を全力で探さなければいけないので、今月で受講の方をやめたいと思います」

電話を切った後で、言いようのないむなしさを感じた。

その受講者は会社の業績があまりよくないのを以前から知っていた。

そこで、彼はずっと起業したいと思うようになり、起業の講座を受講し、こちらも相談にのってきた。彼は起業のためのいろいろなアイデアを思いついては意見を求めてきていた。

日々、彼は起業に向けて研究し、準備してきたはずだ。起業することを望んでいたはずだ。

そして、いざ、実際に起業するチャンスがやってきた。不幸という顔をして。

ところが、彼はパニックになり、いまはそんな起業の講座などしている場合ではない、一円でも節約しなくてはいけない、時間もそんなものに費やしているのはもったいないとばかりにやめる電話をしてきた。せめて、それが実際に起業をするためだったらわからなくはない。だが、就職のためというのは理解できない。

いったい、いままで彼は何のために起業の勉強をしてきたのだろう？

結局、そこから見えてくることは、彼はほんとうには起業を望んではいなかったということだ。おそらく、サラリーマン生活の中で満たされない心があって、その空洞を埋める夢のようなものが必要だったのだ。それが、起業の講座を受講した理由だったのだ。趣味、息抜きといってもいい。

趣味や息抜きは時間も費用もゆとりがある時だけのものだ。いざ、切羽詰まったら、そんなものに費やす時間もお金ももったいない、しょせん、そんなものだったのだ。

人は平安なときには「自分はもっと自由になりたい」とか「独立して誰にも縛られずに生きていきたい」といっている。

だが、いざ現実にそのチャンスが目の前に来た時に、「望んでいたはずのこと」を獲りにいかない。

それどころか、いままで「さんざん嫌だといっていたこと」を再び獲りに戻る。

つまり、この人がほんとうにやりたいことは「ふだん口で言っていた自由」でなく、「いままで通りの他人から縛りつけられている不自由」を心の底では望んでいたということが明白になる。

いまはコロナで大きな変化があるはず。もしかしたら、変化の中に、いままであなたが望んでいたことを叶えるために来ている側面もあるかもしれない。

だが、ただ、元の不自由なままに戻そうとするのは、他でもない「あなた自身の心の底の本音」なのだ。

コロナはあなたの人生の変革のチャンスでもある。

あなたが常日頃から、望んでいたことがカタチになる。

それは口にしていた望みかもしれないし、口とは裏腹のあなたの心の奥底の本音かもしれない。

あなたは、コロナによる変化を、どちらを現実化するのに利用しますか？

あなたは、どちらを叶えたいですか？

Let's Write! 2回目

ずっとあなたはもっと自由になりたいと願っていました。いままでは、勤務先に縛られてきたからです。コロナの影響で、あなたはリストラ（雇止め）に遭って勤務先との関係が切れてしまいました。

さあ、あなたは今後も含めて、どのように思っていますか？

実は自由を求めていない本音の自分こそが、変化を拒み、現在の自分をつくっていた

Let's Write! 1回目

あなたは職場をリストラ（雇止め）されましたが、
他の人たちは、そのまま職場に勤め続けています。
あなたは、そのことを、どう思っていますか？
あなただけが不幸で、残った人たちがうらやましい
ですか？

いいか悪いかは後になってみないと分からない

あなたは、職場を去りましたが、他の人たちはまだ職場に勤め続けています。あなた一人が苦しい思いをしているのに、みんなは変わらない仕事と人生を送っています。

「なんで自分だけがこんな目に遭わなければいけないんだ？　なぜ、他の人は自分と違って安泰なのだ、不公平じゃないか」と思っているかもしれません。

私自身もまったく同じことをリストラされた当時に思いました。天はなんて理不尽なことをするんだ！　と怒っていました。

年　　月　　日（　　）

周りの人たちは毎月、いままでと変わらず給料をもらって安定して暮らせるのに、なぜ自分だけが、こんな奈落の底につき落されるのだ？　なにか悪いことをしたとでもいうのか？　まったく自分は運が悪いとそんなことばかり考えていました。

痛い目に遭って外に出された自分は、一見するとアンラッキーにみえるのです。それに対して、これまで通りにとどまった他の人たちはラッキーにみえます。

だが、この時は、そう思えるのですが、実は時間が経ってみると結果は逆なのです。

痛い目に遭うと、「これではいけない」と危機感を抱き、まったくいままでやってこなかったことにもチャレンジするなど大きな改革をすることにつながります。

年　　月　　日（　　）

がんばれ!!

しかし、大きな変化がなかったら、人はそのままの状態をキープするはずです。

これが『ゆでガエルの法則』といわれるものです。

カエルが冷たい水に入っている状態を火にかけていくと、水温が急にではなく、徐々にゆっくりと上昇していくので、わかりずらいため、外に飛び出すこともなく、そのままそこにずっとい続けるので最後にはゆだってしまうという例えです。

これが、逆に最初から熱い熱湯にカエルを入れれば、その熱さに驚いて、すぐにカエルは飛び出すからゆだることなく助かるのです。

年　　月　　日（　　）

ゆっくりの変化には、それだけ気づきずらく、また変化しようという動機がわきずらいことから、どうしても対応も遅れてしまい、気づいたときには、すでに手遅れという結果になっていることが多いのです。

自分は大丈夫だと思っている方こそ、もっとも「ゆでガエル」に近いことがおわかりいただけるでしょう。

年　　月　　日（　　）

がんばれ!!

《コラム》職場も肩書きもなくなったら……

私がサラリーマンだった頃に勤めていた会社の先輩の一人に、スーパーマンのような飛び抜けて優秀な社員がいた。一人で毎年十億円を稼ぐのである。みんなが憧れたものである。

私はその会社をリストラされ、他に選択肢もなく起業を選択した。それから20年ほどたってからのことである。

その先輩も定年を迎え、久しぶりにそのスーパーマンに会って驚いた。目も当てられないほど落ちぶれていたのである。

「小林君、君の会社のガードマンでもいいから雇ってくれないか」とすがるように言ってくる。冗談で言っているのではない。本気で口にするのである。あの花形のように輝いていた先輩が。

定年を迎え、会社の肩書きがなくなると、何もできなくなることを先輩は示していた。憧れていた先輩がひどく情けなく思えて、なぜだか私自身もひどく落ち込んだ気分になったのを覚えている。

また、別の知り合いから似たような話を聞いた。

日本を代表する、いや世界トップクラスの広告代理店の部長のぼやきである。東大法学部を出て、一流の広告代理店に就職し、順調に登りつめ、部屋持ちの部長にまでなった。定年が目の前にちらついて、彼が起こした活動はハローワークへの登録であった。

「いやあ、飯田橋のハローワークに登録したけれども、介護しかないんだよ。まいったな」と苦笑いをする。

嘘かと思ったが、本当であった。東大法学部を出て、世界的な広告代理店に入って、ロンドン勤務の経験まで持つエリートである。それが飯田橋のハローワークに通っているのである。知り合いは愕然としたという。

今はこんな時代である。会社から放り出されると、何も残っていない。「代議士が選挙を落ちればただの人」といわれるように、会社の肩書きで仕事をしていた人は、退社後はただの人となってしまう。

老後は決してバラ色ではない。そして、いまは〝人生百年時代〟といわれるように人生も長くなった。逆にいえば定年は人生の半ばぐらいにやってきてしまう。長い〝第二の人生〟に向けてのスタートは早い方がいいかもしれないとは思わないだろうか？

実際、私はリストラされたので仕方なく起業したのだが、誰かに上からものを言われることもないし、定年もないので今の方が全然いいと思っている。雇ってもらうのは永遠ではなく、いつかは定年という雇止めがやってくるならば、どっちみち自分の力で生きなきゃいけない年齢がやってくる。

だったら、どちらも早いか遅いかの違いでしかない。かえって、熱いお湯で飛び出たカエルの方が結果的に定年のない、自分が社長の仕事で長く続くからいいと思うのだ。先輩の事例は私にそう確信させた。

Let's Write! ２回目

あなたは職場をリストラ（雇止め）されましたが、
他の人たちは、そのまま職場に勤め続けています。
あなたは、そのことを、どう思っていますか？
あなただけが不幸で、残った人たちがうらやましい
ですか？

職場に残るのは必ずしもいいとは限らないかえって手遅れになる

よし、
逆転だ
!!

Let's Write! 1回目

コロナで時代が変わりました。あなたも勤め先を解雇されました。

でも、あなたは、なかなか新しいことにチャレンジできていません。チャレンジできていない理由としては、それをやれば確実に成果が出るものがあらわれないからです。

あなたはいかがですか？

誰が何につかまっている？

世間では、毎日のようにデジタルシフト、オンライン、リモートワークと叫ばれています。

あなたはコロナで急に周りの環境が変化して少なからず対応をしなければならないということはわかっています。

『チーズはどこへ消えた？』の中でも、チーズがなくなってしまってからも、小人のひとりは最後まで、チーズがあった場所にとどまり続けたのです。

あなたはどうするでしょう？

でも、その小人もとどまったからといっても、確信をもっていたわけではありません。

どうしていいのかわからないのはみんな同じです。

それまであったチーズがなくなってしまった時、あな

年　　月　　日（　　）

たはどのように考えますか？

　チーズは一時的になくなっただけで、また、少し時間が経てば元通りに戻ってくる？

　昔はよかった。コロナが来る前はこんなことはなかった。

　まったくコロナめ、コロナのせいでわたしの生活はボロボロにされた。コロナが憎い。コロナが来る前の生活に戻してほしい。この頃、昔を懐かしむことが多くなった。とにかく、今と違って昔はよかった。

　昔は何から何まで今とは大違いだった。人だって昔の人はもっといい人ばかりだった…。

　もっともっと昔は違っていたし、いろいろなことがいいことばかりだった。

　今はいろいろなことが変わってしまった。ちっともいいことがない…。

年　　月　　日（　　）

がんばれ‼

Let's Write! 2回目

コロナで時代が変わりました。あなたも勤め先を解雇されました。

でも、あなたは、なかなか新しいことにチャレンジできていません。チャレンジできていない理由としては、それをやれば確実に成果が出るものがあらわれないからです。

あなたはいかがですか？

変わらないのは、あなたが「昔」に
しがみついてつかまっているから

《コラム》学校は常に「正しい答え」をくれた

いまのあなたが、コロナを他人のせいにしてしまうのには理由がある。ずっと、学校では常に「問題」が出されたら「正解」が用意されていた。「正解」を教えてくれたし、その解き方も教えてくれた。

そして、問題には「答えがあるのは当たり前」だった。答えのない問題などなかった。

だから、いつも「答え」は用意されたのに、コロナという大問題には、誰も「答え」を教えてくれないし、だいいち、いまだに「答え」らしいものすら誰も教えてくれない。

あなたが、こんなに困っているのに、誰も助けに来てくれやしない。

そうなのだ。

今回は、助けが来るのを待っていたら、あなたが死んでしまうのだ。

誰かが、このコロナという難問を解き明かして、その答えを待つには時間が途方もなくかかる。

誰かに習うのではなく、今回は、あなた自身で「考えてやってみなければならない」。

誰も教えてくれない、答えがない…それが今回なのだ。

自分でも考えてみよう。どうしたらいいか、考え、トライしてみよう。

誰かを責めても、その人だって答えなんか持ってやしないんだから。

あいつ
には
負けない

Let's Write! 1回目

あなたにとってコロナ禍は追い風ですか、
それとも向かい風ですか？

誰が向かい風にしているのか？

いま、あなたがコロナで打撃を受けているとします。

あなたにとっては向かい風かもしれません。

でも、よくよく考えてみると、「向かい風」だとわかっていて、そのまま風向きに逆らって、そっちに顔を向けているのは、あなた自身ですよね？


風向きがわかっているなら、なぜ、風がくる方に向いたままなのですか？

それでは、ずっと向かい風のままですよね。

それでは辛いはずです。


いま向いているのと、くるりと逆の方を向いたらどうですか？

年　　月　　日（　　）

そうすると、いままで向かい風だったのが、「追い風」になって、あなたを後押ししてくれますよ。

もしも、それが嫌だというなら、向かい風にしているのは、結局、誰なのか？

ということになりますよね。

あなた自身がそちら側に顔を向けっぱなしで、逆を向かないからということになりはしませんか？

年　　月　　日（　　）

がんばれ!!

Let's Write! ２回目

あなたにとってコロナ禍は追い風ですか、
それとも向かい風ですか？

あなたが逆を向けば
向かい風は追い風になる

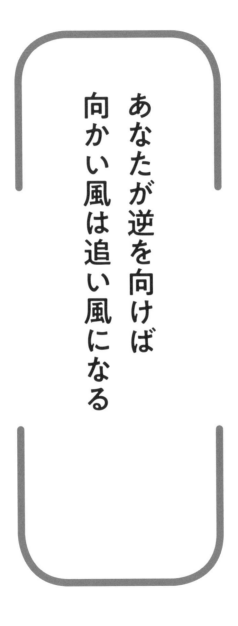

本書をご購入いただいた方へ特別プレゼント !!

シークレットナンバー

この番号は、
本書をご購入いただいた方限定で
下記の QR コードからご記入いただくことで
特典をお受け取りになれるものです。

0722

https://peraichi.com/landing_pages/view/kgr8w

こちらからもお申込み受け付けます
→ hk@sanrakusha.jp（件名【シークレットナンバー】）

Let's Write! 1回目

コロナは時代を大きく変えました。

それまでうまくいっていたことをことごとく破壊してしまいました。

これからも、その影響は続くといわれています。それどころか、たとえワクチンが開発されたとしても元の生活様式には戻らないと言われています。

あなたはどう思いますか？

元に戻ると思っていますか？

ワクチンができれば元に戻るのか？

いま、新型コロナウイルスのワクチンが世界中で開発されています。

そこで、みんなに議論されるのが「いつになったら、元に戻るか？」というものです。

観光産業はじめコロナウイルスで大打撃を受けた会社は多くあり、そうした会社は「いつ戻るか」が最大の関心なのはわかります。

しかし、気をつけていただきたいのは、時計の針は戻らないのです。

よく言われることですが、歴史はらせん状に進むというものです。

ぴったり同じように戻るということは残念ながらない

年　　月　　日（　　）

のです。

それでも、ワクチンが普及すれば、生命の危機からは逃れられるでしょう。

しかし、その間に私たちの誰もが享受して、その便利さを味わってしまったリモートでもまったく遜色なく仕事ができることや、むしろ、リモートの方がリアルで仕事をするよりも効率的だというベネフィットを手放すことが、無理だということです。

乱暴な例えを承知でいうと、全自動洗濯機の便利さを一度味わってしまった人は、もう寒い時にたらいで手洗いで洗濯する方法に戻れと、いくらいわれても、元に戻れないのといっしょです。

観光産業などの産業はある程度は、戻るかもしれませんが基本的にビジネスだったら、ある程度、オンライン上でも可能だということが立証されたことは事実なので

年　月　日（　）

がんばれ!!

す。

こうした新しい行動様式をニューノーマル（新常態）と呼びますが、通勤ではなく在宅でのリモートワークが普及したりと仕事と生活のスタイルが、それまでと変わり、それはワクチンができたとしても、元には戻りません。

元に戻ると期待していると、とんでもないことになる可能性もあります。

時代の変わる速度は最初こそゆっくりとしていますが、ある時から加速度をつけたようにスピードを増します。

そうなった時に、もしもあなただけが元に戻るという前提で待っていたら？

年　　月　　日（　　）

来ない電車をいつまでも待つようなものです。
社会はどんどんニューノーマルに向けて、つまり「戻らないことを前提に」新しくかたちを変えているのに、あなただけが、元に戻ることを待つことになり、リスクが高すぎるのはおわかりいただけると思います。

たとえ、一時的に、揺り戻しのように、戻るかに見えてもだまされてはいけません。
歴史はらせん状に進化するのです。戻るとみせて、また当初の方向に進んでいきます。

ここは、時代の流れをどちらに読むかは非常に大事です。
この元に戻るのか、戻らないで進むのかについて、

年　　月　　日(　　)

がんばれ!!

〝読み〟を外すと、後で取り返しのつかない致命的な遅れをとります。

元に戻ると待つことは、目下、最大のリスクだと思います。

歴史ドラマをみていても、明治維新など歴史の分岐点で後れをとった側の人たちが、その後どのような運命をたどるかは、いつも悲惨な結末になるのです。

時代の流れに逆らうことは生死にかかわるほど重大な問題です。

よくいわれるのが、昇りのエスカレーターと下りのエスカレーターという例えです。どんなに屈強な人間でも、

年　　月　　日（　　）

下りのエスカレーターに乗ってしまうと、がんばって上の階に行こうとしても、エスカレーターの下る速度に追いつくことはできないのです。
反対に、上に昇るエスカレーターに乗れば、ただ乗っているだけで、自然に上の階に行かれるのです。このエスカレーターの方向に逆らわないことが大事で、これが時代の方向そのものです。

エスカレーターであれば、間違えて下りのエスカレーターに乗ってしまっても、そのまま下の階までついて、そこからあらためて上に向かうエスカレーターに乗りなおせばいいだけですから、何の問題もありません。

しかし、人生のエスカレーターはそういうわけにはいきません。一度、間違えて、逆のエスカレーターに乗っ

年　月　日（　）

がんばれ!!

てしまったら、歴史ドラマの悲劇の登場人物のような末路になってしまうのです。

時代はバックしません。ここは、時代の流れにそった行き先のエスカレーターに乗ることが、何よりも大切なことです。

年　　月　　日（　　）

Let's Write! 2回目

コロナは時代を大きく変えました。

それまでうまくいっていたことをことごとく破壊してしまいました。

これからも、その影響は続くといわれています。それどころか、たとえワクチンが開発されたとしても元の生活様式には戻らないと言われています。

あなたはどう思いますか？

元に戻ると思っていますか？

時代の風に応じて帆をはれ

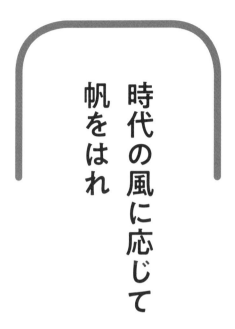

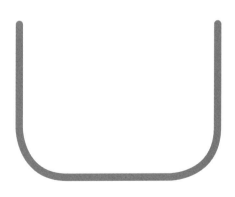

Let's Write! 1回目

あなたは自分がまったくやったことがないことでも
ゼロから新しく始められますか？

まったく違う場所に石を打てるか？

私はいま出版社をはじめて16年目ですが、これは知り合いの印刷会社の社長の話です。

その社長は経営している印刷会社の売上の減少を改善するために、最初は営業をそれまで以上に取り組んでみたものの、さしたる効果もなかったことにガッカリしてしまったそうです。

そこで、この社長がとった一手は見事でした。

社長は、紙の世界ではどんなにがんばっても売上が伸びないと判断すると、なんといきなりプログラミング教室を始めたのです。

どうして、いきなり、プログラミング教室を始めたの

年　　月　　日（　　）

かきいたところ、自分のこれまでやってきた紙の世界でがんばってダメなんだから、まったく反対側にある碁盤でいえば、反対の遠いところに碁石を打ったのだと言っていました。

もちろん、社長はいい年齢で、プログラミングのことは何も知らないので、フランチャイズに加盟して始めたのです。自力だけではさすがに失敗する確率は高くなってしまうでしょう。自分自身も講師の人から生徒としてプログラミングを習いながら、もういっぽうで、これから小学校で授業に取り入れられるという時代の流れとターゲティングも、ぬかりはありませんでした。

フランチャイズということもあり、割合とすんなり立ち上がったようです。しかし、大きな問題はむしろ、社

年　　月　　日(　　)

がんばれ!!

内の反対だといいます。それまで、何十年も印刷しかしたことのない従業員にとって、青天の霹靂でした。やめる人も出たといいます。

なぜ、この話を持ち出したかというと、いま必要なのはこうしたアクションだと思うからです。

社長のやったことをみると、こうなります。

・いままで通りにやってきたことだけをやっていたのでは先はないという読み

・いまの流れを読んで、自分がたとえ未経験でもそこに碁石を打っていく勇気（それまでと違うことを果敢に習いながらでもうって出る）

・まったくやったことがないということは関係がない

・周りが反対しても自分が正しいと思った通りに行動す

年　月　日（　）

る

・自分がわからないことは、たとえ自分の年齢がある程度いっていても若い講師にゼロから習って始めなおす

・自分も社長という経営者でありながら、はじめての分野では、フランチャイズに入って経営ノウハウを謙虚に学んでいること

つまり、いまのコロナ禍を切り抜けていくのには、情報だけではない、心の部分が不可欠で、それがないとなかなか変われないのだと思います。

どうしても、人間は慣れたことをやっていたいですから、新しいことをやるとなると、情報以上に、心の面をやっていかないと、実際には、どんなに情報をもったとしても変われないままで居続けるということがよくある

年　　月　　日(　　)

がんばれ‼

のです。

逆にいうと、心の面が新しいことにチャレンジできる方は早く変われるのではないでしょうか？

いまのこの時は、なかなか変われないと、どんどん状況が悪くなっていってしまいますから、肝心なのは、心ということになります。

今回は印刷会社の経営者の話でしたが、これは誰にでもあてはまるものだと思うのです。

年　　月　　日（　　）

ポイント

ここでの大事な視点は
コロナ前とコロナ後の現在を地続きの「連続」とみるか、まったく違う時代になった「不連続」ととらえるかです。

「連続」している時代だと思うと、過去の延長線上でとらえます。

「不連続」でまったくコロナ前と違う時代ととらえると、延長線上では考えない。

社長はもうどうしようもない過去の事業の延長線上ではなく、不連続のところに活路を求めて成功したのです。

自分がいままでやったことがあることではなく、まったくの未経験のことにチャレンジしたのです。

Let's Write! ２回目

あなたは自分がまったくやったことがないことでも
ゼロから新しく始められますか？

ゼロからが恐いですか？
まったく違う場所に
石を打てますか？

ここまで読んで自分の中で変わったと

思う部分を書き出してみてください。

Let's Write! 1回目

いまのコロナ禍は自分にとってピンチですか、それともチャンスですか？

ものごとはあなたのとらえ方でどちらにでも変わる

いま、あなたがコロナで失職しているとします。

そのこと自体よりも、実は「あなたがそれをどうとらえるか」の方が、実は大切なのです。

ここに、A君とB君という二人がいるとします。

A君もB君も二人とも失業しているとします。

同じコロナに対して、二人のとらえ方が正反対だったとしましょう。

A君はコロナの影響を「ピンチ」ととらえました。

そうすると、A君にとってはコロナ禍はピンチとなるのです。

年　　月　　日（　　）

なんだ、当たり前だと思うかもしれませんね。

B君はやはり、コロナで失職して苦境に立たされていますが、コロナを「チャンス」ととらえました。

この時、B君には、「チャンス」ととらえるような客観的ないい材料はまったくありません。失業中ですから。

ただ、「チャンス」ととらえよう、そう思っただけです。

やがて、すぐに結果があらわれました。


A君はコロナの影響がますますひどくなり、前よりももっと苦境になりました。

B君はなぜか、どんどん状況がよくなっていき、やがてコロナ前よりも幸せになっていきました。

年　月　日(　)

がんばれ!!

こういうことはよく起こることなのです。

このことを昔からいろいろな人が説明しようとして、

『思考は現実化する』とか『引き寄せの法則』とか『量子力学』とか『意識の力』とか『波動』とか、いろいろ難しい説明をしますが、実際はＢ君がやったように、何の根拠がなくても、どんな状況だとしてもまったく関係なく、ただ、「これはチャンスだ」と思ったり、言葉に出して言ったり、紙に書いたりするだけです。

ということで、あとでもう一度、同じ質問をしますので、そのページに書いてください。

年　　月　　日（　　）

《コラム》私の一冊目の本は失業者の時の会話で決まった

私はいまから22年前にリストラされたのだが、その頃はよく妻と夜中に24時間スーパーに出かけていた。

いまでも覚えているのだが、当時、私は失業者だったのだが、無性に自分の本を出版してみたくて仕方がなかった。

それで、ある夜、24時間スーパーの帰りに、歩きながら妻にそのことを告げてみた。「なんだか、本を書いてみたいんだ」

そう言ったとき、妻の表情はいったい、この人は何を寝ぼけたことを言っているんだろう、失業者のくせに？　と、あざけるような呆れるような入り混じったような顔でわたしのことを見た。

無理もない、どこにも客観的には本を出せる根拠はないから。

でも、わたしは、そんな反応をされたが、そのこと自体をまったく気にしなかった。

結果はどうなったかというと？

それから間もなく、半年ぐらいたったころだろうか、私の方から出版社に電話をして、とんとん拍子に話がすすんで見事に商業出版が決まった。

その時はうれしかった。

出版社からの帰りにこいだ自転車のペダルの心地良さったらなかった。

これは、すべて事実です。

なんの根拠もないところから、とらえ方だけで決まるのである。

こういうと、こう思う人もいるかもしれない。

「たまたま運が良かったから」

「あなただからできただけだ」

「誰にでもできることではない」

いいえ、こういうことは私だけにではなくて、よく起きていることだ。

経験した人は私を含めてかなり多く起きている事例なのです。
基本的に
〝どう思うか〟
〝どうとらえるか〟
〝どうなると決めるか〟
だけなので、特定の人だけに起きることではないのです。
決めるだけ、良い方にとらえるだけ、ですからお金もかからないし、何も失う
ものも特にないので、やられてみることを強く強くおすすめいたします。

Let's Write!　２回目

いまのコロナ禍は自分にとってピンチですか、それともチャンスですか？

あなたがピンチと思えばピンチに
チャンスと思えば
チャンスになる

Let's Write! 1回目

あなたにとって失業はいいことですか、
それとも悪いことですか？

いいこと、悪いことは誰が決めるのか？

これも、前回と同様である。
あえて、同じような質問をしてみた。
ものごとは客観的にそのこと自体がいいか、悪いかではない。
それよりも、そのことを、「あなたがどうとらえたか？」が重要なのである。
いいことと、あなたがとらえれば、そうなっていく。
悪いことととらえると、そうなっていく。
客観的なものにあたかも不可抗力にあなたが受け身で影響されるのではない。
間違ってはいけない、あなた自身が決めているのだ。
さて、では、次のページで、同じ質問をするので、心して書き込んでいただきたい。

年　　月　　日（　　）

がんばれ‼

Let's Write!　2回目

あなたにとって失業はいいことですか、
それとも悪いことですか？

あなたが良いととらえると
良くなり、
悪いととらえると
悪くなる

Let's Write!　１回目

あなたは失業という今回の試練を
乗り越えられますか？

あなたが乗り越えられない試練は与えられない

これも、前回と同じような質問である。
神さまは、あなたが乗り越えられない試練は与えないそうだ。
私もこの言葉でリストラの時は救われたおぼえがある。

今回の試練を乗り越えられるか、乗り越えられないかは客観性が決めるのだろうか？
そんなことはない、あなたが決める。
そして、あなたが決めたとおりになる。
繰り返しになるが、
「あなたがどうとらえたか？」が重要なのである。
あなたがとらえたとおりになっていく。
あなた自身が決めるのだ。

年　月　日（　）

がんばれ‼

さて、では、次のページでも、同じ質問をするので、心して書き込んでいただきたい。

年　　月　　日（　　）

Let's Write! 2回目

あなたは失業という今回の試練を
乗り越えられますか？

朝の来ない夜はない
夜明け前はもっとも暗い

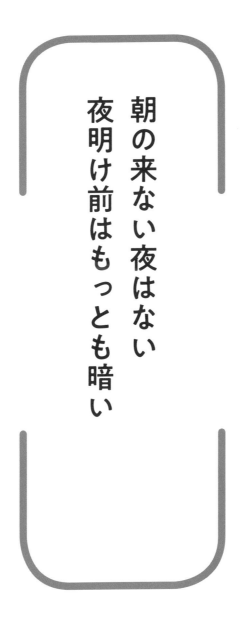

Let's Write!　1回目

あなたは、良くなると決めますか？

あなたが決める！

これも、前回と同じような質問である。

良くなるかどうかは、他の誰でもない、あなたが自分で決めるのだ。

未来にならないとわからないのではない。

あなたが決めたとおりになるのだ。

繰り返しになるが、

「あなたがどうとらえるか？」が重要なのである。

あなたがとらえたとおりになっていく。

あなた自身が決めているのだ。

さあ、どちらに決めるのか？

では、次のページで、同じ質問をするので、心して書き込んでいただきたい。

年　　月　　日（　　）

Let's Write! 2回目

あなたは、良くなると決めますか？

あなたが良くなると
決めた
だから良くなる

Let's Write! 1回目

さあ、あなたは自分がこの先どうなると思っていますか？
もっというと、あなたは、自分の未来をどうなると決めますか？

幸せは不幸の顔をしてやってくる！

「あなたの未来はどうなりますか？」と聞くと、「そんなのわかるわけないじゃないか！」という人がいる。

まるで心の中で「思ったからって、よくなるんだったら苦労しないよ！」と言っているようだ。

しかし、それはあべこべなのだ。

「よくなる」と思っていないからよくならないのだ。

その人は心の中で悪くなると心配している。

だから、それが現実化する、ただそれだけだ。

かんたんすぎるから見過ごすのだ。

だまされてはいけない。

真実はシンプルなのだ。

さあ、では次のページでまた質問しますので、答えてください。

年　　月　　日（　　）

Let's Write! 2回目

さあ、あなたは自分がこの先どうなると思っていますか？
もっというと、あなたは、自分の未来をどうなると決めますか？

最後まで読んであなたの決意は

変わりましたか？

おわりに

チーズを探しにいく決心はできましたか？

時代の波の中で溺れることなく、勇気をもって進める者だけがチーズにたどりつくことができます。

この変化の時に、決心をもって前に進めるなら、チーズを見つけることができます。

チーズのある場所の概要はおわかりになったと思います。

あとは、あなたのチーズを探しにいきましょう。

そうです、

チーズを探せるかは、あなたの心次第です。

「どう思うか」、心がいちばん大切なのでしたね。
でも、あなたはもうその原理を手に入れてしまいました、
そうです、探せると決めるだけ、そう思うだけ。
これが最大の秘密なのでした。

いまは、大きな変化の流れの最中ですから、一時的には、社会的に不幸なできごとも出てくるかもしれません。

でも、不幸な見方に引っ張られないでください。

それは変わる時の一時的な変化にすぎません。


大きな流れをみましょう。

時代は進化しています。

決して退化してはいないのです。


そして、結果的にですが、新型コロナウイルスによって、あなたを縛りつけていたもの

は、どんどん力を弱めていって壊れていっています。

足かせはなくなっていくのです。いまは、完全になくなっていないものも、やがてなくなるのは時間の問題です。

時間の縛り、場所や距離の縛り、お金の縛り…それらの縛りはどんどん解けて、自由に解放されていっています。

職と家はいまや同じ場所で、どんどん時間も自由になってきています。

時代が変化したのです。
みんなゼロから再出発するのです。

そうです、
あなたの向かう未来は明るいのです。

あなたは、いまよりも、もっと幸せになれるのです。
なぜなら、あなたのチーズはもう見つかったのですから。
前よりももっと大きくておいしいチーズが！

参考文献

チーズはどこへ消えた？（スペンサージョンソン、扶桑社、2000 年）

１人ビジネスらくらく起業法（小林敏之、あさ出版、2003 年）

あなたの「経験」を「通信講座」にして稼ぐ法
（小林敏之、同文舘出版、2005 年）

チーズはここにあった！ Zoom で 30 日で 180 万円シリーズ（小林敏之、三楽舎プロダクション）

さあ、これであなたの
「決意表明」ができました。
もういちど196ページを
見てください。
そして、

『決意を具体化する方法』

はここにあります！
のぞいてみましょう！

https://peraichi.com/landing_pages/view/kgr8w

こちらからもお申込み受け付けます
→　hk@sanrakusha.jp(件名【決意を具体化する方法】

小林 敏之

1959年東京生まれ。明治大学法学部卒。市場調査会社の矢野経済研究所、日本能率協会グループを経て2002年ジャンピア日本講座起業協会を設立。日本人の著者として最初の情報起業家のための著書を著し、コンテンツによる個人起業家の育成を開始する。2005年に出版社（株）三楽舎プロダクションを設立。以降10年以上にわたり、研修講師、心理カウンセラー、セラピスト、スピリチュアルヒーラーを紹介する書籍を多く発刊し、個人起業家約1000名を支援プロデュースして現在にいたる。2020年よりZoomによる起業家育成支援を新たに開始する。

主な著書に『1人ビジネスらくらく起業法』『あなたの経験を通信講座にして稼ぐ法』『チーズはここにあった！』シリーズがある。

チーズはここにあった！
仕事が無くなった人のための
ＺＯＯＭで30日で180万円！

2021年1月6日第1刷発行

著　者　小林 敏之

発行所　㈱三楽舎プロダクション
〒170-0005　東京都豊島区南大塚3-53-2
大塚タウンビル3階
電話：03-5957-7783
FAX：03-5957-7784

発売所　星雲社（共同出版社・流通責任出版社）
〒112-0005　東京都文京区水道1-3-30
電話：03-3868-3275
FAX：03-3868-6588

印刷所　創栄図書印刷
装幀　Malpu Design（清水良洋）
DTP制作　CAPS

ISBN 978-4-434-28389-5　c2034

三楽舎プロダクションの目指すもの

三楽舎という名称は孟子の尽心篇にある「君子に三楽あり」という言葉に由来しています。

孟子の三楽の一つ目は父母がそろって健在で兄弟に事故がないこと、二つ目は自らを省みて天地に恥じることがないこと、そして三つ目は天下の英才を集めて若い人を教育することと謳われています。

この考えが三楽舎プロダクションの根本の設立理念となっています。

生涯学習が叫ばれ、社会は少子化、高齢化さらに既存の知識が陳腐化していき、われわれはますます生きていくために、また自らの生涯を愉しむためにさまざまな知識を必要としています。

この知識こそ、真っ暗な中でひとり歩まなければならない人々の前を照らし、導き、激励をともなった勇気を与えるものであり、殺風景にならないように日々の時間を彩るお相手であると思います。

そして、それらはいずれも人間の経験という原資から繭のごとく紡ぎ出されるものであり、そうした人から人への経験の伝授こそ社会を発展させてきた、そしてこれからも社会を導いていくものなのです。

三楽舎プロダクションはこうしたなかにあり、人から人への知識・経験の媒介に関わり、社会の発展と人々の人生時間の充実に寄与するべく活動してまいりたいと思います。

どうぞよろしくご支援賜りますようお願い申しあげます。

三楽舎プロダクション一同